JUL 1 5

**Dirección editorial:** Raquel López Varela
**Autoras:** Mariana Magalhães y Cristina Quental
**Ilustración:** Sandra Serra
**Coordinación editorial:** Jesús Muñoz Calvo y Ana Mª García Alonso
**Maquetación:** Javier Robles, Patricia Martínez y Eduardo García
**Título original:** *Ciclo do chocolate*

© 2013, Ediçoes Gailivro
© 2013, Cristina Quental y Mariana Magalhães (texto), Sandra Serra (ilustraciones)

© EDITORIAL EVEREST, S. A
Carretera León-La Coruña, km 5 - LEÓN.
ISBN: 978-84-441-4943-1
Depósito legal: LE-892-2013
*Printed in Spain* - Impreso en España

EDITORIAL EVERGRÁFICAS, S. L.
Carretera León-La Coruña, km 5
LEÓN (España)
Atención al cliente: 902 123 400

Conoce nuestros productos en esta página, danos tu opinión y
descárgate gratis nuestro catálogo.

**www.everest.es**

# ciclo del chocolate

**Cristina Quental** es una joven escritora portuguesa que nació el 19 de noviembre de 1983 en Ponta Delgada. Es maestra de educación infantil y ha alternado el trabajo en la escuela infantil con actividades relacionadas con la dinamización del tiempo libre.

**Mariana Magalhães** nació el 2 de noviembre de 1971 en Lisboa (Portugal). Además de escritora, también es maestra de educación infantil y ha alternado el trabajo en la escuela infantil con actividades vinculadas con la acción social. Ha participado en numerosos seminarios y cursos de capacitación sobre temas relacionados con niños en situaciones de riesgo. También ha organizado y coordinado un centro de acogida para menores sin familia o separados de esta.

**Sandra Serra** nació en Luanda (Angola) el año 1968. Es diseñadora gráfica e ilustradora desde el año 1994. Ha sido mencionada, en varias ocasiones, como una de las referencias de la ilustración infantil y juvenil en Portugal. Desde el año 2007, también se dedica a escribir obras infantiles y ya tiene varios libros editados. Tiene su propio sitio web: www.espiralinversa.pt

¿dónde vamos hoy?

Cristina Quental
Mariana Magalhães

# ciclo del
# chocolate

Ilustraciones **Sandra Serra**

everest

—¡Cumpleaños feliz, cumpleaños feliz te deseamos todos, cumpleaños feliz! ¡Felicidades! —gritaron todos, eufóricos.

—¿Quién quiere tarta? —preguntó la maestra Teresa.

—¡Yo!

—¡Yo también!

—¿De qué es?

—¿La tarta es de qué? ¡No oigo!

—Es de chocolate, ¡mi favorita!

—Mmm... ¡qué delicia! ¿Cómo harán este chocolate tan dulce? —pensó María en voz alta.

—Buena pregunta, pero, para contestarla, tenemos que volver a nuestra clase —respondió la maestra Teresa—. Y terminar antes nuestro almuerzo.

Cuando todos ocuparon sus sitios en la clase, la maestra Teresa mostró una fruta en la pizarra digital.

—¿Quién me puede decir qué fruto es este?

¿Membrillo?

¿Papaya?

¿Mango?

»Aunque por fuera es parecido a esas frutas, por dentro es muy distinto. Veamos la próxima imagen.

—Ah... Nunca he visto nada igual a esas semillas —comentó Rodrigo, extrañado.

—Es un fruto llamado *cacao*. En su interior guarda estas semillas que luego sirven como materia prima para la producción de chocolate —explicó la maestra Teresa.

—¡Yo bebo leche con cacao! —exclamó Consuelo.

—Es una confusión muy habitual, porque decimos que bebemos leche con cacao pero, en realidad, lo que bebemos es leche con chocolate en polvo. La base del chocolate es el cacao, al que se añaden otros ingredientes.

—Y ¿de dónde se sacan esos frutos de cacao? —quiso saber Francisco.

—Los frutos vienen de unas plantaciones donde crecen los árboles del cacao, que solo se cultivan en países con temperaturas altas. Las semillas de cacao se envían a las fábricas, donde pasan por diferentes procesos hasta que se transforman en chocolate —respondió la maestra Teresa.

—¿Podemos visitar una de esas fábricas? —preguntó Leonor.

—Sí, esa será nuestra próxima visita de estudio —comunicó dulcemente la maestra Teresa.

¡Genial!

¡Qué estupendo!

¡Qué maravilla!

En el autobús, de camino a la fábrica, la maestra explicó:

—El chocolate, igual que los demás alimentos, tiene sus cualidades: hace trabajar bien el corazón y la cabeza, pero, como sabéis, no hay que consumirlo en exceso, porque puede hacernos engordar. ¡Hay que comerlo con moderación! ¡Una onza al día nada más!

En la fábrica, los recibió
el señor Jiménez, que les
explicó:

—Cuando las semillas de
cacao llegan a la fábrica,
se clasifican por tamaños
y se aprovecha para eliminar
posibles impurezas.

—¿Qué clase de
impurezas? —preguntó Jorge.

—Pues ramitas, arena, piedrecitas, porque los frutos del cacao se abren para retirar las semillas.

—Las semillas viajan en sacos hasta las fábricas —añadió la maestra Teresa.

13

—Después de la limpieza, las semillas
pasan a una tostadora donde se intensifican el
aroma y el sabor con temperaturas y tiempos
determinados, para no quemarlas —continuó
el señor Jiménez.

—Igual que el pan de mi casa —dijo, riendo,
Bernardo.

—Exactamente. Una vez tostadas, las semillas entran en una máquina que separa la cáscara del grano. Los granos siguen hasta la mezcladora, donde se trituran para formar una masa espesa, la base del chocolate.

—Mmm... ¡Entonces ya podemos probarlo! —interrumpió Mario.

—No, porque esta masa resulta extraordinariamente amarga, no te gustaría. La masa se muele hasta obtener cacao puro en polvo. Aún no es lo bastante dulce para los niños golosos y se utiliza más con fines culinarios.

—Y ¿cuándo se convierte en chocolate? —insistió Carlota.

15

—¡Calma, calma! Hay varios tipos de chocolate.

—Sí, el chocolate con leche, el negro o amargo...

—Muy bien. Pero ¿qué creéis que se le añade a la masa de cacao para hacer el chocolate con leche?

—¡Leche! —chillaron los niños a coro.

—Bien. Y, además, azúcar, para que quede bien dulce. Para fabricar el chocolate amargo se añade vainilla.

—Y ¿cómo se hace el chocolate blanco? —preguntó Juana.

—¡Buena pregunta! Pues llevamos la masa de cacao a una máquina que extrae la manteca de cacao, a la que luego se añade leche y azúcar.

—Mmm... probaría un trocito —dijo Linda, golosa.

—Para cada tipo de chocolate hay una máquina que mezcla los ingredientes a altas temperaturas durante varias horas.

—¡Vaya! Hace falta muchísimo tiempo para fabricar chocolate —se lamentó Víctor.

17

—Sí, pero ¡vamos a una parte de la fábrica que os encantará!

En la nave había enormes máquinas que vertían líquidos en moldes, donde se secaban; después, transportados por cintas móviles, se trasladaban a otro lugar donde se cubrían con papel de plata y, por último, con el envoltorio externo.

A continuación, las tabletas se envasaban y se almacenaban, para distribuirlas después en tiendas y supermercados.

—Y hemos llegado al final de nuestra visita. ¡Espero que hayáis aprendido mucho! —dijo, sonriendo, el señor Jiménez.

—Me encantaría un poco de chocolate —pidió Inés.

21

—¿Pensabais que iba a dejaros ir sin probar nuestros deliciosos chocolates? Escoged el que más os guste de nuestras tres variedades:

con leche,

negro

o blanco.

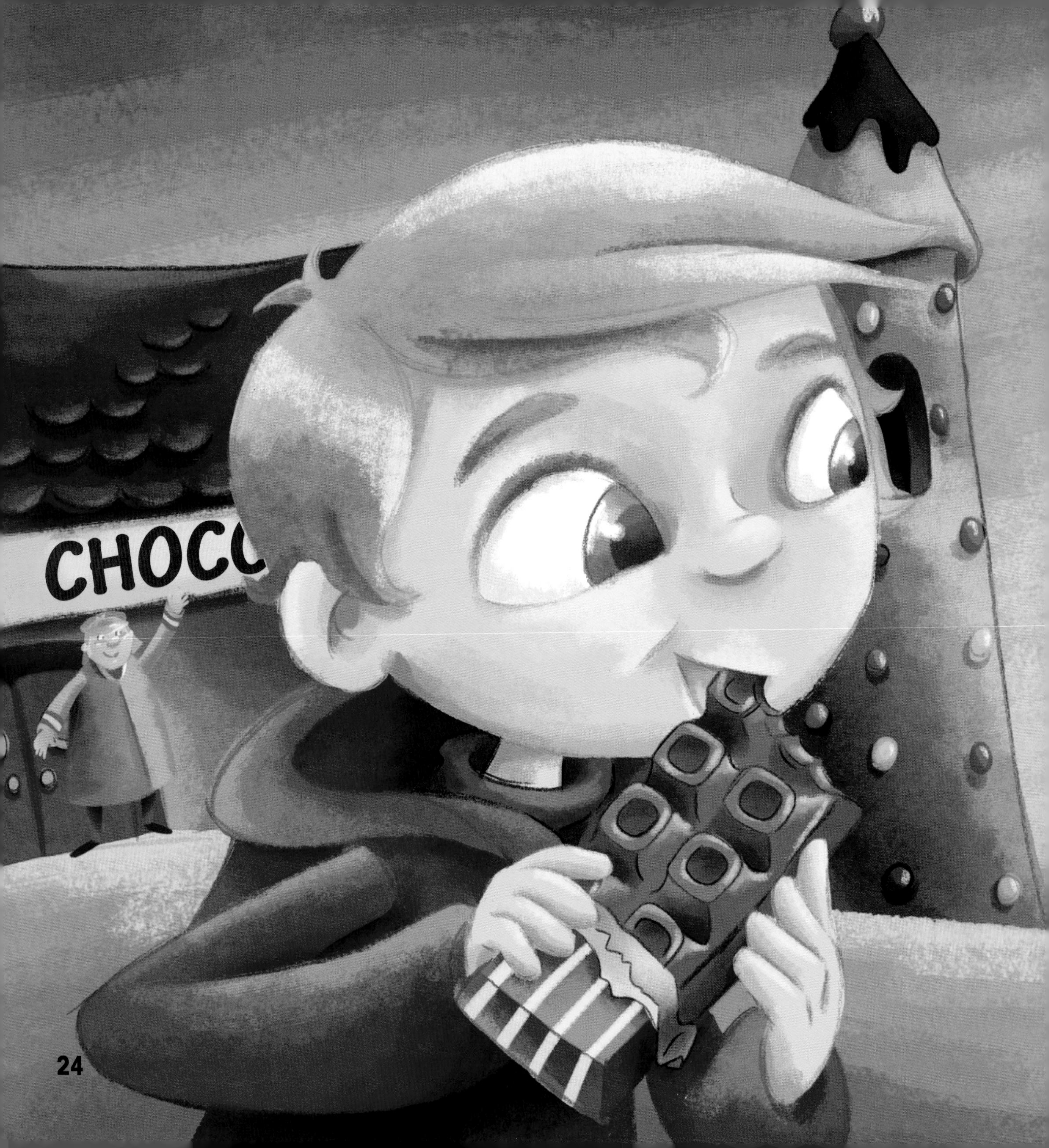
CHOCC

Los niños, radiantes, escogieron su chocolate favorito y volvieron en fila al autobús.

—Gracias, hemos disfrutado mucho de esta visita —agradeció la maestra Teresa.

—¡Adiós, hasta la próxima vez! —se despidió el señor Jiménez.

# El chocolate en la alimentación

Una onza cada día
te sentará de maravilla,
pero con moderación.
Cuida tu alimentación.

Y de vez en cuando, puedes…
… comer chocolate blanco sentado en un banco;
… probar el chocolate con leche antes de que a perder se eche;
… beber chocolate caliente con tu amigo Vicente;
… tomar chocolate negro con tu madre y su suegro.

Pero con moderación,
cuida tu alimentación.
Una onza cada día
te sentará de maravilla.

## *Come una chocolatina*

*(se canta con la música de Mambrú se fue a la guerra)*

Come una chocolatina
que no sea gorda ni fina,
que no sea gorda ni fina,
y disfruta del maná
del chocolate genial
que ayer te compró mamá.

Hay una buena vecina
que a bombones me invita,
que a bombones me invita;
mas una perrita golosa
no me ha dejado gran cosa
de pasta tan deliciosa.
*(repetir con la misma música
del verso anterior).*

Me he comido una tableta
regalo de tía Anacleta,
regalo de tía Anacleta,
por el día de mi santo.
¡Cómo me gustará tanto
comer chocolate blanco!
*(repetir con la misma música
del verso anterior).*

27

# Sorpresa para la abuela María

**Personajes:** abuela María, nietos (Juan y Margarita), Azúcar, Huevos, Harina, Levadura, Chocolate en polvo, Mantequilla, Leche.

## Escena I

*(Los nietos hablan en la cocina).*

***Juan:*** ¿Por qué esa cara, Margarita? ¿Estás triste?

***Margarita:*** ¡Estoy fastidiada! ¿Sabes qué día es hoy?

***Juan:*** Es un día estupendo. ¡Es sábado!

***Margarita:*** Sí... pero también es el cumpleaños de la abuela.

***Juan:*** ¿Y por qué estás triste?

***Margarita:*** No tenemos nada que regalarle...

***Juan:*** No, pero ahora mismo voy a buscar nuestra hucha y vamos a comprarle un regalo.

*(Margarita se queda dando vueltas en la cocina, con aire pensativo).*

28

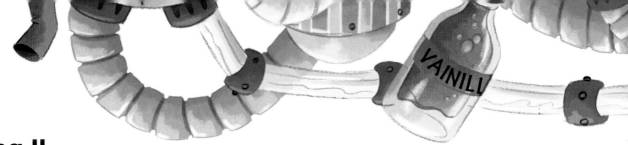

## Escena II

*(Entusiasmados, se preparan para romper la hucha con el mazo de madera para la carne).*

**Margarita:** Yo la sostengo. ¡Cuidado con mis dedos!

**Juan:** Ya está. ¡Hay muchas monedas!

**Margarita:** Vamos a contar... Uf... solo son monedas pequeñas... ¡no llega a un euro!

**Juan:** ¡Oh! ¡Eso no da para nada!

*(Tristes, se quedan mirándose en silencio).*

## Escena III

**Harina** *(en voz baja).***:** Psst. Psst. Niños... Niños...

*(Margarita y Juan siguen mirándose, pero ahora asombrados. Abren la puerta de la despensa).*

**Harina:** Estaba aquí oyéndoos y tuve una idea: ¿por qué no cocinar algo para la abuela?

**Nietos:** ¡Buena idea! Pero ¿cómo? No sabemos cocinar...

**Harina:** ¡No os preocupéis! ¡Encontraremos una solución!

**Leche:** ¡Yo también quiero ayudar!

**Huevos** *(interrumpiendo).***:** ¿Qué pensáis hacer sin nosotros?

**Margarita:** Y con ustedes tres, ¿qué podemos hacer?

**Harina:** Unas galletas, unos panqueques...

**Mantequilla y Azúcar** *(de la mano).***:** Ejem... Pero no se olvide de nosotros, también hacemos falta.

**Juan:** Dos más... ya tenemos cinco ingredientes que darán para hacer muchas cosas.

**Levadura:** ¡Alto! Si es un cumpleaños, lo mejor es hacer una tarta. Y para ayudar a hacerla estoy aquí yo, que hago crecer las tartas.

**Margarita:** ¡Buena idea! Pero, para hacer la tarta favorita de la abuela, falta el ingrediente principal.

**Todos a una:** ¡CHOCOLATEEEE...!

**Chocolate:** ¿Me habéis llamado?

**Harina:** Sí, porque estamos haciendo una tarta de chocolate. Vamos a mezclarnos.

*(Al momento, los ingredientes se dan la mano y sale una tarta. Entra la abuela).*

**Nietos:** ¡SORPRESA! ¡Muchas felicidades, querida abuela!

**Abuela:** ¡Qué maravilla! ¡Me habéis hecho una tarta de chocolate, mi favorita!

30

**Sugerencias para el escenario:**

1. Dibujar los estantes de una cocina en un telón.
2. Dibujar una puerta de despensa practicable en un telón.
3. Montar una mesa con utensilios de cocina.

**Sugerencias para el vestuario:**

1. Harina, Azúcar, Levadura, Mantequilla y Leche: poner una tarjeta blanca con su etiqueta correspondiente.
2. Huevos: usar ropa de lino beis, marrón o amarillo. Colocar un cartón de huevos en la cabeza sujeto con una cinta.
3. Chocolate: usar ropa de color marrón. Poner una etiqueta de chocolate en polvo en la frente.

**Otras sugerencias:**

1. Visitar una fábrica de chocolate.
2. Hacer una receta que tenga, como ingrediente, el chocolate.
3. Preparar un cartel que explique los beneficios y los perjuicios del chocolate.

**Almuerzo**

En este caso, comida que se toma por la mañana, antes de la principal. También se llama así a la propia comida del mediodía o primeras horas de la tarde.

**Amargo, amarga**

De gusto o sabor desagradable.

**Azúcar**

Granos pequeños, de color blanco, que se utilizan para dar sabor dulce a la comida y a la bebida.

**Base**

Ingredientes fundamentales que sirven de apoyo en la receta.

**Cacao**

Polvo que se hace con las semillas de un árbol que crece en América. Sirve para hacer chocolate, crema de cacao, etc.

**Cáscara**

Corteza o parte exterior de los huevos, de los frutos, etc.

**Chocolate**

Alimento dulce que se hace con cacao y azúcar.

**Cultivar**

Dedicar, a la tierra y a las plantas, las labores necesarias para que den su fruto.

**Fruta**

Fruto comestible de los árboles y de algunas plantas.

**Grano**

Semilla o fruto de las plantas.

**Mango**

Árbol originario de la India. Su fruto, que también se llama *mango*, es amarillo, aromático y tiene un sabor agradable.

**Materia prima**

Aquello que es fundamental e imprescindible para hacer un producto.

**Membrillo**

Arbusto que proviene del Asia Menor. Su fruto, que también se llama *membrillo*, es amarillo y de carne áspera.

**Moler**

Reducir algo a pequeños trozos o hasta hacerlo polvo.

**Onza**

Cada una de las porciones de una tableta de chocolate.

**Papaya**

Fruto del papayo, cuya parte comestible es amarilla y dulce.

**Plantación**

Terreno en el que se cultivan plantas de una misma clase.

**Semilla**

Parte del fruto de la planta que se entierra para que crezcan nuevas plantas.

**Tableta**

Lámina de chocolate, normalmente dividida en porciones.

**Triturar**

Moler una materia sólida hasta convertirla en trozos muy pequeños o en pasta.

**Vainilla**

Planta de origen americano, que produce la semilla del mismo nombre. Se suele usar para dar aroma.

**«Las cosas, claras
y el chocolate, espeso».**

¿Alguna vez no has entendido lo que te decían
porque la explicación era confusa y estaba
llena de rodeos? Pues entonces deberías haber
dicho: «¡Las cosas, claras y el chocolate, espeso!».
Y es que usamos este refrán para pedir una
explicación muy clara, que no dé lugar a dudas
y que llame a las cosas por su nombre.

# Títulos de la colección:

ISBN: 978-84-441-4936-3

ISBN: 978-84-441-4937-0

ISBN: 978-84-441-4938-7

ISBN: 978-84-441-4939-4

ISBN: 978-84-441-4940-0

ISBN: 978-84-441-4941-7

ISBN: 978-84-441-4942-4

ISBN: 978-84-441-4943-1

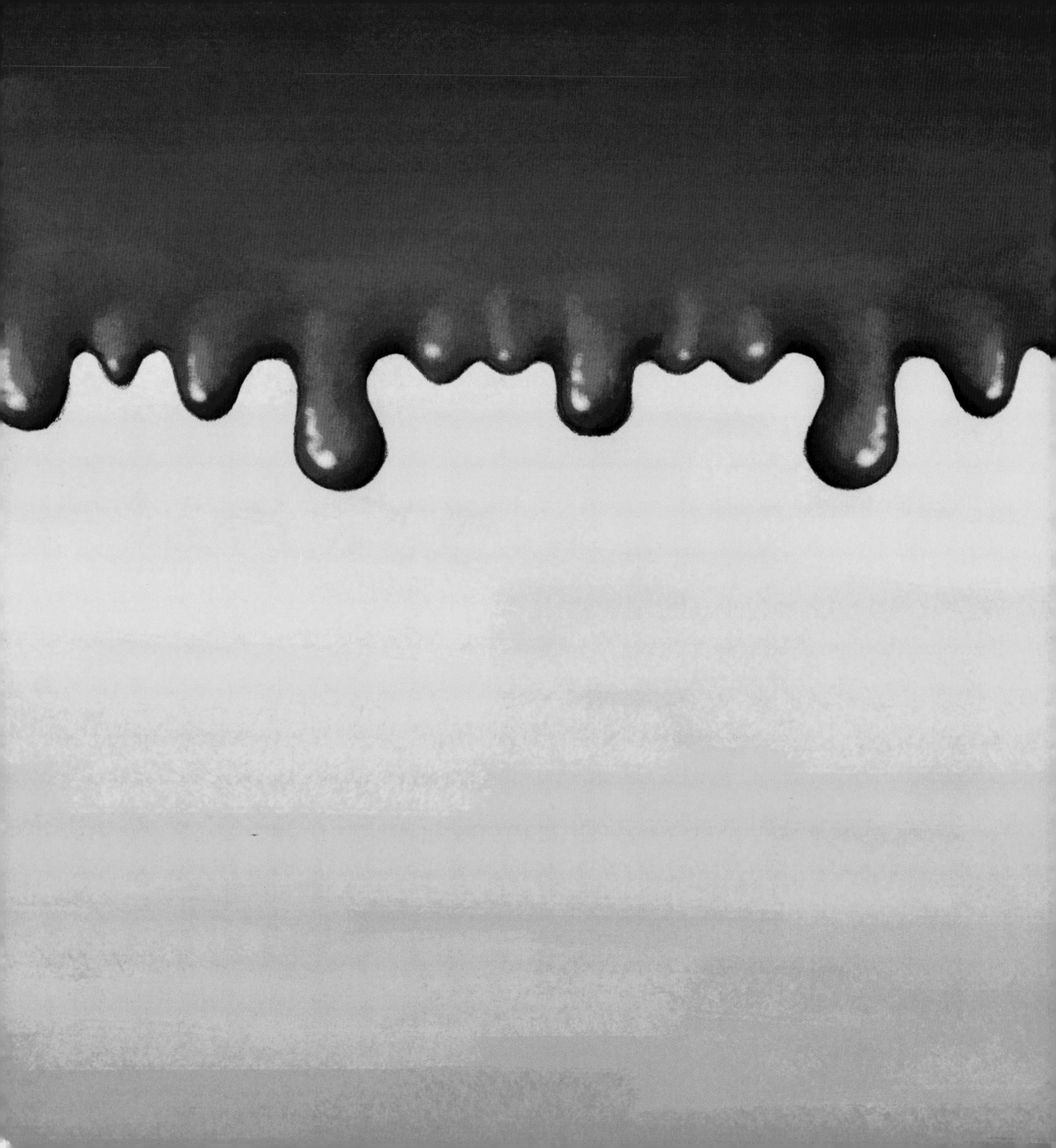